AF186490

Gabriele Raimer ist hauptberuflich ganzheitlich arbeitende Therapeutin. Seit vielen Jahren beschäftigt sich mit Lyrik und der besonderen Form des sprachlichen Ausdrucks.

Ihre zahlreichen Veröffentlichungen in der Fachpresse finden regelmäßig großen Zuspruch.

In diesem ersten von ihr veröffentlichten Lyrikband gibt sie mit persönlichen Worten Erfahrungen, Gedanken und Empfindungen wieder, deren leiser Klang in jedem von uns nachhallt …

Mehr über die Autorin:
www.gabriele-raimer.de

Gabriele Raimer

… und hinter den Worten ein leiser Klang

© 2017 Gabriele Raimer
Satz und Gestaltung: Ralf Zahn
Lektorat, Korrektorat: Ralf Zahn
Fotos: Pixabay, Raimer
Verlag und Druck:
tredition GmbH, Halenreie 42, 22359 Hamburg
ISBN 978-3-7439-6826-4 (Paperback)
ISBN 978-3-7439-6827-1 (Hardcover)
ISBN 978-3-7439-6828-8 (e-Book)
Druck in Deutschland und weiteren Ländern

Inhaltsverzeichnis

Beginn

Ungeborgen	12
Kindertage	13
Morgen	14
Erwachende Welt	15
Luganer See	16
Frühling unerhört	17

Unterwegs

Amalfitana	20
Götterpfade	21
Wunschweg	22 – 23
Elsass	24
Tessin	25
Kreta	26 – 27
Soglio	28
Reise	29
Himmelslicht	30
Ninfa	31
Verzauberte Welt	32
Und dann ...	33

Begegnungen

Otmar 36
Verheißung 37
Niemandsland 38
Tara 39
Raimund 40
Obsession 41
Armand 42
Das Wunder der Begegnung 43

Vom leisen Klang

Leben – ein Fragment 46
Heimkehr 47
In seiner Mitte 48
Verheißungsvolles Glück 49
Urgrund 50 – 51
Kriegerin 52
Schiffbruch 53
Heiliger Augenblick 54
Heilung 55
Scheideweg 56
Ahungsvolle Befreiung 57
Wende 58 – 59
Hingabe 60
Himmelstanz 61
Stimme der Erinnerung 62

Sich schließender Kreis

Heimgang	66 –67
Vater	68
Fingerzeig	69
Verbunden	70
Schwester	71
Sonnentor	72
Quelle	73

Beginn

in jedem Augenblick der Zeit leben

Ungeborgen

Bild des Mädchens
Unendlich einsam
Blutende Wunde
Ein Lebensgefängnis
Uneinnehmbar
Scheinbar
Dies, der Schlüssel
Dahinter das Leben
Groß
Weit
Voller Fülle

Kindertage

Magische Fährte
in vergangenes Leben
Bild an Bild
Bunte Erinnerungen
Als das Sein noch so groß war und so tief
Größer, viel größer als das Kind

Gelebtes Leben
Geträumtes Leben
Erprobte Wege
Gegangene Wege
Der Wald als Hüter
der Wunden,
der Wehmut umschloss
So sanft, so still, so liebend.

Weiter Blick
steigt auf,
atmet süßen Lindenduft

Räume der Vergangenheit
Verschlossen
Antwortlos
Sich vor eigenen Wurzeln neigend
Erlösende Tränen
Andere geworden
um sprühender Lebendigkeit willen

Morgen

Hier gewesen zu sein bedeutete so viel
Geburt des Lichts nach tiefer Nacht
Das Glück des Essentiellen
Wiedererkennen einstiger Lebensspuren

Strahlende Bilder,
einst tief eingegraben
Nun neu und unverstellt
in der Frische des Morgens

Plätschernde Brunnen, Bergwiesen grün
Himmel blau, so blau
Berge noch immer ernst und erhaben
Der Duft von Harz, Tannen, Höhe, Sonne

Frieden
Tiefer, unschätzbarer Frieden
öffnet das Herz
sich verströmend und alles umfangend

Erwachende Welt

Fahles Licht des Mondes und der Sterne
Der Himmel sanft errötend
Sehnsuchtsvoll die Sonne erwartend

Blick über Schneeweiten
Schützender Nebel
Klare, frostige Luft
Bäume in Reif

Lichtfinger in Gold
Tanz an borkigen Stämmen
Und dann –
überwältigendes, flutend gleißendes Licht
Neu erschaffen hat sich die Welt

Aufblitzende Freude in Schneediamanten
In der Stille ein unhörbarer Klang
Dies alles bin auch ich
Im Einklang unermesslicher Himmelsweite

Luganer See

In kleinen Nestern am See,
Zypressen bestanden,
unter Torbögen
und von Glycinen umrankten Lauben
in verschwiegenen Gärten
lächeln die Büsten von Göttinnen
Verloren geglaubte Bilder

Im Land der Zitronenblüte,
wo Rhododendron und Azaleen
die Hänge hinab wallen
Spiegelungen einer vollkommenen Welt
Im Hauch verstorbener Poeten
begegnet mir Wärme
begegnet mir Melodie

Hier errichteten Menschen Schönheit,
die freiste Wohnung der Seele
Die Berge tragen heute ihre Häupter umhüllt
Atemholen
Duft von Regen und See
Das Gestern umspannen
bis zum unerkannt Künftigen

Frühling – unerhört

Tiefe Lebenskraft
Goldener Raum
Blütenkaskaden
Geschehnisse
im schmerzenden Griff

Tief tauchend
in die Quelle
neuen Lebens
Umhüllt
von Regenbogenlicht

Tief verwurzelt
im Vertrauen
eines gütigen
Zuhauses
Unzerstörbar

Unterwegs

der heilige Ort ist überall

Amalfitana

Schwerer Zikadenklang
zur Stunde des schlafenden Pan
Schönheit,
im Herzen
eine Freudenspur
hinterlassend

Blauer Himmel, smaragdgrünes Wasser,
schaumgekrönte Küste
Unter schroffen, trägen Felsen
geduckte Häuser in engen Gassen
Heiß gleißt die Glut vom Zenit
Lebenspuls aus Freude, Licht und Fülle

Sehnsüchtige Träume?
Bilder, unerkannt,
auf dem Grund der Seele
geweckt und zur Wirklichkeit emporgehoben?
Funkelndes Licht, Lichtlicht

Amalfi zur samtenen Stunde
Weit ausgebreitete Arme,
selbstvergessene Seligkeit
Meer trinken, Erde atmen
Lebendiger Lebensstrom

Götterpfade

Noch einmal …
Sehnsuchtsküste,
ruhend in leuchtenden Bildern
Erinnerung

Noch einmal …
Last der Jahre
verstummte Götter, in Stein verharrend
Abschied

Wunschweg

Kein Weg zu weit
über die schneebedeckten Gipfel
zu den Boten des Frühlings
So innig geliebt
wie die heiligen Worte der Dichter
die sie besungen
Mimosen, Kamelien, Magnolien
unter dem Laub des vergangenen Jahres

Eine frische Welt
Heitere Wege weit über dem See
durch Blütenbäume und
ahnungsvoll sprießendes Grün
Schmelzender Vogelgesang
In der Stunde des Zwielichts
säumen diamantene Lichter das Ufer des Sees

Die Natur malt
Bilder vergessener Tage
Die erwartungsvoll begrüßten
Frühjahrsringe des Lebens
umschließen die Sehnsucht, den Schmerz
des auf immer gebrochenen Herzens
Den großen Wurf,
die Vollendung des Lebenskreises, zu wagen

Mögen sich die Flügel meiner Seele weiten
Mögen meine Worte
schlicht und wahrhaftig bleiben
Mögen sie der Welt
eine befreite Schönheit schenken
Und diese von ihr empfangen
In Freude und Schmerz zugleich
lebendig bleiben
Das Fest des Lebens
gemeinsam feiern

Elsass

Novembersonnennachmittag
Die leise Schärfe der Luft
birgt heimliche Zärtlichkeit

Bäume in Gold
Die blaue Tiefe des Himmels
leer wie mein Herz

Die Sonne hinter dem Berg
Holzrauch steigt auf
Die Blätter leuchten noch

Tessin

So berühre mich nicht,
So störe meine Tage nicht
So lass meine Zeit,
camelienumsäumt,
sich in den Gärten ergehen
So gib mir Raum im Schweigen
und in der Schönheit Glanz

Gewitter ziehen über den See,
Statuen zwischen Düften und Vogelgesang.
Im Tropfen einer Blüte
begegne ich mir und all der Zeit
die durchschritten
Die Leere
Tief in mir

Kreta

Die zu Stein verwandelten Götter –
unverrückbar
Ihre Stimmen leis' vernehmend
Nutze die Tage des Glücks
Und sei nicht träge in der Freude
Die junge Sonne –
herrlich wie am ersten Tag

Dem Schmerz des Abschieds voran –
zerbrochen
Unwiderruflich das große Vorbei
Als sei's Leben nichts als Abschiednehmen
Doch auch der Fesseln entledigt
Bereit für den Zauber
Neues, Ungewisses –
zur Vollendung des zugefallenen Lebens

Tag für Tag –
schöpfend
Unversiegbare Quellen in mir
Im Fluss des Seins einverstanden mit allem
Möge das Leben gelingen –
leicht und erfüllend

Tage und Nächte –
begrüßend
Freudig das Leben wie ein Duft von Blumen
Nun formbarer, sternenreicher und unsterblicher
Den Ruf vernommen –
mir wahrhaft begegnet

Soglio

Berge,
gewaltig wie erhabene Götter
So nah der Schritt zum Himmel
Die letzten Flammen der Leidenschaft
dem weiten Blick übergeben
Tropfen silbernen Mondlichts
in das verletzte Herz
All meine Liebe dem Geliebten
Und doch
Es war nicht genug

Reise

Ich blieb ein Fremder
Schutz erbitten für das Herz,
das nackte, zitternde, verletzbare
Auf dem Weg zur Befreiung
von Wunsch, Illusion und Phantasie

Jede Sicherheit eine Farce
Jede Leidenschaft Abscheu
Von Augenblick zu Augenblick
befrieden der Gedanken,
der aufrührerischen

Kampf ums verlorene Selbst
Innere Kriege beendend
In Vergangenheit und Zukunft
Zwischen den Gedanken
das Werkzeug der Unterscheidung schmiedend
Im Vertrauen auf eine tragende Kraft

Der strahlende Augenblick
entfaltet seine eigene Weisheit
Der schmale Pfad des Aufwachens

Himmelslicht

Ein unermesslicher Herbst leuchtet
in den flammenden Farben der Blätter
und durchdringt mit sanftem, klaren Licht
die Welt von Horizont zu Horizont,
das Herz schmerzlich berührend

Eintauchend ins Innerste,
eine strahlende Spur verborgener Energie
lösend und fließend,
die Welt widerspiegelnd
Verborgene Möglichkeiten
eines größeren Wesens

In der grenzenlosen Freiheit,
Weite des Raumes
feiert der Geist seine ungeahnte Größe
Die Suche nach wahrem Leben
tastet sich ahnungsvoll
an letztendliche Wirklichkeit
Herbst
nun hängt etwas Rauchiges um die Dinge

Ninfa

Es ist, als hätten Träume Gestalt angenommen
Wandernd im Spiegel innerer Welten
Der grüne Mantel einer wohlgestalteten Natur
über den Ruinen einer untergegangenen Welt
Zaubergarten
Nymphentränen speisen
den durch das Tal strömenden Fluss
Zypressen weisen schmale Wege
zu verwunschenen, verträumten Plätzen
Es ist so ruhig
Eine Zeitschwinge umfasst diese Stille
Den silbernen Pappelglanz
des sich neigenden Spätsommertages
Frieden schließen
Zwischen Schönheit und Schmerz
Wunschlosigkeit
Vermag die berührende Schönheit
den mitgebrachten Schmerz
in Weisheit verwandeln?
Vielleicht wird der Stachel
einst in himmlische Gärten tragen

Verzauberte Welt

Aus Sternenstaub fallende,
leuchtende Kometen
am samtdunklen Himmel
Erneuerung
Die Klänge der tropischen Nacht
übertönen die aufgewühlte Brandung
Am Horizont
die blinkenden Lichter der Fischerboote
Ein verwobenes Spiel mit den Sternen

Mit neuer Frische entlang der Queste,
ein göttlicher Stolz
Der sich speist
aus den Tiefen des eigenen Seins
Die offeneren Pforten der Wahrnehmung
lassen die Welt erscheinen wie sie ist
unendlich und voller Zauber

Das Ringen um dies und das lässt nach
Nichts sein, doch alles werden könnend
Der freudige Sprung in den lebendigen Raum
Im Spiel der Resonanz
Tanzend auf einem Ozean von Energie
Mit federnder Geschmeidigkeit

Und dann ...

Land vergessener Bilder
Groß und frei
Hinter der Kreuzung
überraschende Möglichkeiten
Dein und mein Leben

Begegnungen

das Ich im Reich des Du

Otmar

Wann immer ein Raum verbleibt –
er füllt sich mit Schmerz und Trauer
Um Dich
Unendlich allein mit Dir
Ohne Dich

Wo Fülle hätte sein können –
nur Leere
Unsichtbar begleitest Du mich
Doch niemals mehr an meiner
Seite

Zuwenig von allem was nötig –
zu groß das Verlangen.
Dein Name, ausgesprochen
Tausende Mal
Ein Hauch im Wind

Ein verschenktes, zerbrochenes Herz
Unendliche Trauer

Verheißung

Die errötenden Apfelblüten öffnen sich
vertrauensvoll der Verheißung des Frühlings
Rosige Wolken
zur Erde schwebend

Auferstanden ist eine schönere Welt
im Glanz schimmernden Grüns
schmeichelnder Blumendüfte
und betörenden Vogelgesangs
Unverstelltes Lächeln schmilzt des Herzens Eis

Vorbei …
der Gang auf Schwertern der Lüge
Manchmal reichen Worte nicht
an den Schmerz heran
und ist das Schweigen so überaus beredt

Vorbei …
die Zeit der großen und der kleinen Tode
Der Blick hinter den Spiegel offenbart
den, der man ist
Masken fallen

Nie mehr einen Blick zurück
Freundlich entgegentreten möge Dir das Leben
Manche unserer Niederlagen –
in Wahrheit Siege

Niemandsland

Nicht hier – nicht dort
vordergründige Erfüllung ist nicht der Weg
Was es zu leben galt
ist durchlebt
und gibt die Kraft
sich der Sehnsucht zu stellen,
die das eigentliche Geschehen berührt.
Du bist Du
Ich bin ich
Trennung
Nichts anderes bleibt
als Verbündung mit der Einsamkeit
Auf dass sie ihren Stachel verliert
Mit Furchtlosigkeit
Mit Verzicht
über Grenzen hinaus
Branden an Barrieren
mit abgezogener Haut
Der Schmerz brennt doppelt
Doch lebendig und wach das Sein

Tara

Kommend aus dem Raum der Wirklichkeit
begegnest Du jedem
der Dich ruft
um sich mit Deiner Weisheit zu verbünden

Wege der Gelassenheit,
der Freude,
der Heilung,
der Verbundenheit
Ich werdend, flüstere ich „Du"
Sehnsucht nach verwandelnder Nähe

Behutsam löst Du
die Pforten meiner selbstgeschaffenen Kerker
Erneuernd in Deinem sanften Licht
Weite des Glücks
Mich im Spiegel
deines befreiten Seins
erkennend

Raimund

Für einen Moment
schien die Welt von Engelsflügeln getragen
Du und ich
eingetaucht
in einen weit dahingleitenden Fluss
Liebe
Alles so einfach
Prickelnde Lebendigkeit
So nah bei dir
Alles schien möglich
Doch dann
Ein Ufer
Andere Wege
Schutzlos dem Scheitern preisgegeben
In mir dem Klang deiner Stimme lauschend
wissend um deine Zärtlichkeit
der bebende Leib
Kein traurigeres Wort wurde je vernommen
Als: Was hätte sein können?
Liebend entlasse ich dich
In eine verblassende Erinnerung

Obsession

Unter dem heißen Dunst südlicher Tage
der Betrübnis entfliehen
Mir so fremd geworden
wie ein anderer Stern

Heißes Verlangen und sprengendes Begehren
Du! Du! Du!
Aus anderen Quellen so sehr lebend

Einst unbeschwerte Heiterkeit
und zitternde Hingabe
Schwindelnd
So nahe der Urkraft des Lebens
Gequälte Liebe, in Enge gebannt
Schwarze Schatten
Sieh!
Tiefer!
Gründlicher!
Um zu befreien alten Schmerz

Das Risiko angenommen
Durch den Tod hindurch gegangen
Im Sturmwind
Immer nur mir begegnend
Mir!

Armand

Aufwühlende Begegnung –
unwiderstehlich
Überwältigende Intensität –
unentrinnbar

Das Herz, völlig unvorhergesehen,
inmitten lodernder Flammen,
von Zauberhand entfacht,
entblößt und erschüttert

So schlicht –
Du wärst es gewesen!
Gefühlstaumel
Mächtige Emotionen –
stärker als ich

Liebe inmitten
schwankender, verlorener Ungewissheit
Gläserne Herzenssaiten
aus Trauer und Sehnsucht

Jenseits all dessen
schließt sich die Tür
Dein Bild als Pfand
eines Lebens – vollständiger, erfüllter

Das Wunder der Begegnung

Menschen
unterwegs
Reisende
Suchend
Ihre Wege
treffen
einander

Menschen
teilen
Freude und Leid
Genießen
das Wunder
der Begegnung

Menschen
nie mehr dieselben
Verfolgen ihre Wege
Kommen und gehen
ist das Leben

Vom leisen Klang

des Innern

Leben – ein Fragment

Gib dem Land einen Namen,
dem meine Sehnsucht gilt
Führe meine Schritte auf den Weg
zum letztendlichen Ziel
Schärfe meine Sinne
zur Wahrnehmung des Namenlosen

Wir alle, so unvollkommen
Unterwegs zu dem,
was sich tief in uns der Sprache entzieht
Eingetaucht in Anfang und Ende
Geburt und Tod

Heimkehr

Missbrauch
Blinde Angst vor Mangel
Ungeheure Anstrengung
Maßlose Peinlichkeit

Sogkraft
Panik, Resignation
im Labyrinth des Geistes
Bedrohung – verloren
Wann, wo?

Finden
den Weg zur ursprünglichen Heimat,
zur Quelle,
zum Selbst

In seiner Mitte

Leben
in seiner Mitte
ein murmelndes
Strömen

Ein Fluss
Kein Kampf
Kein Streit
Keine Gewalt

Auf diese
Mitte hin
Das Ziel
Ist alles Suche

Verheißungsvolles Glück

Das Sein vermag die Seele zu berühren
Was wichtig war – nun ist's vollbracht
Schleier der Sprachlosigkeit
Dick, dumpf, undurchdringlich
Darunter die schmale Spur
zum ursprünglichen Ich,
zu Wachstum und Weite

Am Abgrund der Einsamkeit
Kreisend und verloren
Den unhörbaren Namen
erneut vernehmend
Heilige Schauer, gebrochenes Herz
Ruhen in der Gleichzeitigkeit von
Anfang und Ende

Urgrund

Bogen von Anfang,
von gegenwärtigem Moment
Zeit
Die sich aneinander reihte
Um sich zu gebären
So lange ein Fremder
Im eigenen Haus
Mit Kraft, aus Verzweiflung erwachsen
Nun zurück zu nährenden Wurzeln
Um es zu wagen
Prachtvoll schimmernde Flügel entfalten

Schlichte Dinge, einfache Dinge
Vertraut und innig
Leise erzittert das Herz
Leise bebt das Herz
Niemals klein werdend
Niemals eng werdend
Der tiefe Wunsch
Der Welt ganz nahe zu sein
Um sie zu überschreiten

Unter der frischen,
herbstlich milden Morgensonne
Wiegt sich nun
Ein großes Glück
Bunte Blätter
Funkelnder Tau
Auf Wiesen im langgestreckten Park
Es nun lächelnd zu vermögen:
Der tiefen Wunde der Welt standzuhalten
Räumen von Freiheit entgegenwachsend

Kriegerin

Aus geheimnisvollen Quellen
Lebenskraft
bezwang
Todesschatten
Über bestürzendem Abgrund
lähmende Verstrickung auf engem Pfad
Bitter scharf die Erkenntnis,
die das graue Spinnennetz der Selbsttäuschung
zerriss

Über sich selbst hinausweisend
gestorben
ein Stück
Mit diesem Leben,
dem bunten, prallen, fordernden
Dünger der Erfahrung
auf das Feld der Erleuchtung
und nichts wird so sein wie zuvor

Hinter den Augen
Licht
sanft
Behutsam tastende Schritte
auf unbekanntem Kontinent
Durchdrungen von Vertrauen und Hingabe
Freude, Liebe wie strahlend weißer Wolken Glanz
Das Glück herbeirufend

Schiffbruch

Im letzten Augenblick – ein sicheres Ufer
Im Getöse brandender Gewalten
Der Stille lauschend

Fern von Leidenschaft, Eitelkeit, Begehren
Einen Ort finden
Friede des Herzens als höchstes Ziel

Weit bin ich gegangen
Es bleibt die Weisheit des Narren
Die Kraft des Himmels in jedem Augenblick

Andere Pfade gehen
Fähig werden
Eins mit dem vollkommenen Licht

Heiliger Augenblick

Flammen
des Scheiterhaufens,
rätselhafte Inschrift:
Alles ist Licht

Wind
über lärmender Vergangenheit
trägt in geheime
Räume

Lebensenge
gespeist von Verbitterung
löst sich auf in
Gegenwärtigkeit

Zurückkehrend
das zerrissene Lebensgewand
mit seidenem Faden neu webend
Goldenes Tuch
das wahre Selbst umhüllend

Heilung

Die Kraft des Himmels und der Erde
vermählen sich
Neue Geburt,
freudige Geburt

Der brüchige Boden gibt nach
Äußerste Notlage,
Selbstkonfrontation

Einem namenlosen Ziel entgegen,
die Schallmauer des geschwätzigen
Geistes durchbrechend,
nicht länger dessen Denken und Fühlen
vertrauend

So viele Tode sind zu umarmen
Verwandelt in Leben
Unter Unvollkommenheiten
Ein verborgener Schatz

Niemand kann zurück,
der in den inneren Spiegel blickt

Taghell ist die Vollmondnacht

Scheideweg

Ende des Begehrens
Nicht länger leben
im dunklen, dumpfen, engen Haus
Verschlossne Fenster
aus Trauer, Zweifel und Bemühen
Das Leid birgt keinen goldnen Kern

Unter gleißenden Strahlen
in die Sonne treten?
Den Schleier lüften, der alles trübt?
Kathedralen von Stille durchschreiten?
Die Stille
Die heilt
Die wandelt
Die neue Schöpfung gebiert

Ahnungsvolle Befreiung

Angezogen vom Versprechen eines Raumes,
leuchtend und durchscheinend
Hinausgehend über Hoffnung und Furcht
Gebrochenes Herz, Tränen der Sanftmut

Wolkendrachen, golden, reitend am Horizont
Himmel und Erde,
mit zweifachem Regenbogen verbunden
Nackt mein Wesen,
in die ungeteilte Mitte aller Dinge fallend

Der Bodenlosigkeit Vertrauen entgegensetzen
Zum Trommelklang der ständigen Jetztheit
Sich niederlassend
in die Ordnung aller Erscheinung
jenseits der Worte

Eine heilige Welt betretend
Berge, Felsen, Sterne, Pinien, Wind –
dufterfüllt
Über die Weite des Geistes
mit des Adlers Panoramablick

Erleuchteter Geist am Werk
Gemeinsam die Verbündeten
Verwirrung in Weisheit verwandelnd

Wird Welt zum Abbild befreiten Seins

Wende

Verloren im bedrohenden Flammenwald
Die Suche nach dem magischen Platz
Wo es zu leuchten vermag, das Leben
Noch möglich?
So spät?

Wirklichkeit?
Mit rückwärts gerichtetem Blick
Bettlerin
Gefangene liebloser Enge
Trotz allen Bemühens
Der Möglichkeiten beraubt

Mit unerkanntem Blickwinkel
Da!
Im Hintergrund!
Ein weites Bild!
Verborgene Muster tiefster Überzeugungen
zeichnen Bilder vorgefertigter Erfahrungen

Nun, nicht länger
Ein Glaube an glücklose Umstände
Die erwachende Zauberin
Aus sprudelnden, schöpferischen Quellen
verströmt sie den überreichen Segen
ihres wahren Wesens

Grenzen verschieben
Erfüllende Schöpfungen säen,
Bereichernde Tage erschaffen
In neuen Landschaften
In neuen Leben
Das Unmögliche
zur Möglichkeit wachsen lassen.

Vision eines fortschreitenden,
staunenden Lebens
Mit offenen Horizonten
Jeder Tag
Eine neue Sonne

Hingabe

Im gierigen Griff von Schattenfingern
das unversöhnliche Ringen der Dämonen
im Innen und Außen,
einen brennenden Keil
in die verwundete Seele stoßend

Der Kampf,
der sich aus alten Geschichten nährt
und sich am eigenen Unglück bestätigt
Todeswegweiser

Mit verbleibendem Mut
der Ausweglosigkeit ins Auge blicken
das Lebensgleis wechseln
unwiderruflich
diesen Lebensraum schließen

Himmelstanz

Behütet

von Bäumen
der Kraftort –
tiefgründig und geheimnisvoll

Zauberische Vollmondnacht
von Kerzen erhellt
des Buddhas lebendiger Blick
aus vormals geschlossenen Augen.

Leis' erschauernd
Hauch der Unendlichkeit
Mitte der Welt

Überall

Stimme der Erinnerung

Vor dunklen,
nieder hängenden Wolkenbänken
zarte Boten aufleuchtender Morgenröte
Nie endendes Spiel des Lebens
Zog es vorbei
einsam zurückgeblieben?
Aus dem Nichts kommend
Ins Nichts gehend
Dazwischen: aufwühlende Erfahrungen
Heftig und erschütternd
im Dunkel der Vergangenheit

Leben zwischen Kampf, Einsamkeit
und abgelegten Leidenschaften
erprobt am Widerstand
Nun sehender,
eine Brücke zu Gewesenem schlagend
Wunden, verwandelt, mündend
in neue Freiheit
Verwurzelt in der Tiefe des Seins
Losgelöst und kristallklar
Das Leben begrüßend
mit zuversichtlicher Ungewissheit

Sich schließender Kreis

vollendeter Blüte Gesang

Heimgang

Der Tod – ein gnädiger Freund
So nah meiner Mutter
Dem Hauch ihres Atems lauschend
Verebbende Stimme
Noch einmal meinen Namen nennend
Glück

Bald, sehr bald, aller Hüllen bar
Ein großer Gesang
Flüsternd, mehr und mehr verstummend
Über alle Dissonanzen hinweg
Ihre Hand haltend, kostbar, so kostbar
dieser Augenblick

Noch haben wir uns
Ein Credo – wirklich unbezwingbar?
Unsere Hände finden einander
Gemeinsam
Zweisam
In den lichtvollen Strahlen einer
untergehenden Sonne

Nun von großer Stille umfangen
In Verwandlung eingegangen
Im wahren Leben angekommen.
Eins geworden mit Dir
Deine Stimme, nah, so nah
an meinem Herzen

Vater

Die Morgenröte offenbart
Was tiefe Sommernacht
samten vollendet

Eingegangen
in die Quelle
allen Seins

Totenwache
Heilige
Momente

Ein großer
Kreis
Geschlossen

Alles atmet
Deine
Gegenwart

In meinem Herzen
Dein künftiges
Zuhause

Fingerzeig

Niederdrückende Schwere
Fesseln

Still
in der Stille

Durchdrungen
von des Lebens Schattierungen

Eingewebt
in große Freiheit

Liebe und Mitgefühl
der Schlüssel

Wage es!

Verbunden

Himmelstürmende Berge
umrundet
vom vollkommenen Blau leuchtender Tage

Unwiederbringlich
nackt und klar
die Kunde vom Tod

Hinter singender Stille
nachlauschend
deiner Nähe

Geborgen in weiter Leere
einziger Besitz
des Augenblicks goldene Pforte

Schwester

Familienband
Abgelebt
Kein Verlust

Ambivalenz, festgefügt
Genug!
Kein Verlust

Familienband
Auflösbar
Kein Verlust

Einander befreit
Wahrheit nun, deine und meine
Endlich Gewinn

Sonnentor

Platanenalleen, staubbedeckt
Schwer der Zikadenklang
Lavendelfeld
Von Sonnenblumen umsäumt
Hoher Sommer

Erinnerung
Jugend
Und nun …
Einladung zur Freiheit
Immens

Doch ängstlich das Ich
Eingekerkert
In alten engen Rollen
Verharrend
Opfer, schon so lang

Doch nun – Tor
Der inneren Freiheit
Eine neue Wahl
Selbstbefreit im Fluss des Lebens
Hoher Sommer

Quelle

Gegenwart
sprühend, frisch, unvermittelt
ausgeglichen und wach

Geborgen
in der tiefen Stille wahren Seins
Frieden und Verstehen

Von Augenblick zu Augenblick
das Leben spielen, frei, mühelos
Raum unbegrenzter Möglichkeiten

Ganz werdend
Die Tempel, so glanzvoll, betreten
Zu jeder Zeit

Zeitfracht Medien GmbH
Ferdinand-Jühlke-Straße 7
99095 Erfurt, Deutschland
produktsicherheit@kolibri360.de